Madre Teresa

1910-1997

DESDE EL CORAZÓN DEL MUNDO

DEL MUNDO

Pensamientos, anécdotas, y oraciones

MADRE TERESA

Editado por Becky Benenate

Traducido por Magdalena Holguín

New World Library
Novato, California

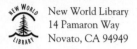 New World Library
14 Pamaron Way
Novato, CA 94949

Traducción: Magdalena Holguín
Diseño de funda: Big Fish
Fotos: Michael Collopy
Redactor: Profesor Richard P. Castillo

Library of Congress Cataloging-in-Publication Data
Teresa, Mother, 1910–1997
[Mother Teresa reader. Spanish]
Desde el corazón del mundo : pensamientos, anécdotas y oraciones /
Madre Teresa ; editado por Becky Benenate ; traducido por
Magdalena Holguín.
    p. cm.
  ISBN 1-57731-083-7 (alk. paper)
  1. Meditations. I. Benenate, Becky. II. Title.
[BX2182.2.T396518 1998]
248.4'82—dc21   98-24927
                                                        CIP

ISBN 1-57731-083-7
Impreso en el Canadá
Distribuido por Publishers Group West
10 9 8 7 6

Índice

DESDE EL CORAZÓN
DEL MUNDO

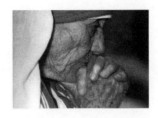

Pensamientos

Sobre la compasión

～

"*Nunca sabremos cuánto puede hacer
una simple sonrisa*".

～

No usemos bombas y armas para dominar el mundo; usemos el amor y la compasión. La paz comienza con una sonrisa. Sonriamos cinco veces al día a una persona a quien en realidad no queremos sonreír. Hagámoslo por la paz. Irradiemos la paz de Dios y Su luz, extingamos el odio y el amor al poder en el mundo y en los corazones de todos los hombres. Sonriamos los unos a los otros. No siempre es fácil. En ocasiones, me es difícil sonreír a mi Hermana, pero entonces rezo.

Dios ama al mundo a través de ti y de mí. ¿Somos este amor y esa compasión? Cristo vino para ser la compasión de su Padre. Dios ama al mundo a través de ti y de mí, y a través de todos aquéllos que son Su amor y compasión en el mundo.

Hay mucho sufrimiento en el mundo — demasiado. El sufrimiento material es sufrir de hambre, de falta de hogar, de toda clase de enfermedades. Creo, sin embargo, que el mayor sufrimiento es estar solo, sentir que nadie nos ama, no tener a nadie. Soy cada vez más consciente de que no ser deseado es la peor enfermedad que cualquier ser humano puede experimentar.

En esta época de desarrollo, el mundo entero corre y se apresura. Pero hay algunos que caen en el camino y no tienen fuerzas para continuar. Son ellos por quienes debemos preocuparnos.

Seamos muy sinceros en nuestro trato con los demás, y tengamos el valor de aceptarnos unos a otros como somos. No nos sorprendamos ante el fracaso de los demás, ni nos preocupemos por él; veamos y encontremos más bien lo bueno de cada uno, pues cada uno de nosotros ha sido creado a imagen de Dios. Jesús lo dijo bellamente. "Yo soy la vid, ustedes las ramas". La savia dadora de vida que fluye de la vid a través de cada una de las ramas es la misma.

~

Seamos bondadosos en nuestras acciones. No pensemos que somos los únicos que podemos trabajar con eficiencia, realizar trabajos dignos de mostrar. Esto nos hace severos en nuestros juicios sobre quienes no tienen quizás los mismos talentos. Hagamos lo mejor posible y confiemos en que los demás lo harán también. Y seamos leales en las cosas insignificantes, pues es en ellas donde reside nuestra fortaleza.

El Evangelio nos recuerda que Jesús, antes de enseñar a la gente, sintió compasión por las multitudes que lo seguían. A veces, sentía compasión al punto de que olvidaba comer. ¿Cómo puso en práctica su compasión? Multiplicó los panes y los peces para satisfacer el hambre de sus seguidores. Les dio alimento hasta cuando ya no pudieron comer más, y aún quedaron doce canastas llenas. Sólo entonces comenzó a enseñarles.

~

Al amarnos los unos a los otros a través de nuestras obras aumentamos la gracia y hacemos crecer el amor divino.

Sobre el silencio

❧

"El ayer se fue.
El mañana no ha llegado aún.
Sólo nos queda hoy,
Comencemos".

En el silencio del corazón, Dios nos habla. Si buscas a Dios en la oración y en el silencio, Dios te hablará. Entonces sabrás que eres nada. Sólo cuando eres consciente de tu nada, de tu vacuidad, puede Dios llenarte de Sí mismo. Las almas de oración son almas de gran silencio.

Existe un sacerdote muy santo, uno de los mejores teólogos de la India en la actualidad. Lo conozco muy bien, y le dije, "Padre, usted habla todo el tiempo acerca de Dios. ¡Qué cerca de Dios debe de estar!" Y ¿saben qué me respondió? "Es posible que hable mucho *acerca* de Dios, pero tal vez le hablo muy poco *a* Dios". Y luego explicó: "Puedo hablar mucho y quizás diga cosas buenas, pero en el fondo no tengo tiempo para escuchar. Porque Dios habla en el silencio del corazón".

No podemos colocarnos directamente en la presencia de Dios si no practicamos el silencio exterior e interior.

En el silencio hallamos nueva energía y verdadera unidad. El silencio nos da una nueva perspectiva sobre todas las cosas.

Lo esencial no es lo que decimos sino lo que Dios nos dice y lo que dice a través de nosotros. En aquel silencio, Él nos escuchará; allí le hablará a nuestra alma y allí escucharemos Su voz.

Escucha en silencio, porque si tu corazón está lleno con otras cosas no podrás escuchar la voz de Dios. Cuando hayas escuchado la voz de Dios en la quietud de tu corazón, tu corazón se llenará de Dios.

Los místicos y ascetas de todas las épocas y religiones han buscado a Dios en el silencio y la soledad de los desiertos, los bosques, las montañas. El mismo Jesús pasó cuarenta días en el desierto y en las montañas, comulgando largas horas con el Padre en el silencio de la noche.

Nosotras también somos llamadas, cada cierto

tiempo, a retirarnos a un silencio más profundo y a estar a solas con Dios, reunidas como comunidad y personalmente. Estar a solas con Él — no con nuestros libros, pensamientos y recuerdos, sino despojadas por completo de todo — permanecer amorosamente en su presencia, silenciosas, vacías, ansiosas e inmóviles. No podemos encontrar a Dios en medio del ruido o de la agitación.

En la naturaleza hallamos el silencio — los árboles, las flores y el prado crecen en silencio. Las estrellas, la luna y el sol se mueven en silencio.

El silencio del corazón es necesario para que puedas escuchar a Dios en todas partes — en una puerta que se cierra, en la persona que te necesita, en el canto de los pájaros que cantan, en las flores, en los animales.

Lo esencial no es lo que decimos, sino lo que Dios nos dice y lo que les dice a otros a través de nosotros. En el silencio nos escucha; en el silencio le habla a nuestra alma. En el silencio se nos concede el privilegio de escuchar Su voz.

❧

Para hacer posible el verdadero silencio interior, practica lo siguiente:

El silencio de los ojos, buscando siempre la belleza y bondad de Dios en todas partes, cerrándolos a las faltas de los demás y a todo lo que es pecaminoso y perturbador para el alma.

El silencio de los oídos, escuchando siempre la voz de Dios y el llanto de los pobres y de los necesitados, cerrándolos a todas las otras voces que provienen de la naturaleza humana decadente, tales como las habladurías, los chismes y las palabras poco caritativas.

El silencio de la lengua, alabando a Dios y diciendo la Palabra de Dios, dadora de vida, que es la Verdad, que ilumina e inspira, trae paz, esperanza y alegría, y absteniéndonos de la propia defensa y de toda palabra que cause oscuridad, agitación, dolor y muerte.

El silencio de la mente, abriéndola a la verdad y al conocimiento de Dios en la oración y en la contemplación, como María, que meditaba sobre las maravillas del Señor en su corazón, y cerrándola a toda falsedad, distracciones, pensamientos destructivos, juicios apresurados, falsas sospechas, pensamientos vengativos y deseos.

El silencio del corazón, amando a Dios con nuestro corazón, alma, mente y fuerza, y amándonos unos a otros como Dios ama, evitando todo egoísmo, odio, envidia, celos y avaricia.

Preservaré el silencio de mi corazón con el mayor cuidado, para que en el silencio de mi corazón escuche Sus palabras de consuelo, y desde la plenitud de mi corazón consuele al Jesús que se esconde tras la angustiosa apariencia de los pobres. Dios habla en el silencio y la pureza del corazón.

Sobre la alegría

～

"Como Jesús, pertenecemos al mundo entero,
no vivimos para nosotros sino para los demás.
La alegría del Señor es nuestra fortaleza".

Un corazón alegre es el resultado de un corazón ardiente de amor. La alegría no es sólo una cuestión de temperamento; siempre es difícil permanecer alegre — razón de más para tratar de adquirirla y hacer que germine en nuestro corazón.

La alegría es oración; la alegría es fuerza; la alegría es amor. Da más quien da con alegría.

A los niños y a los pobres, a todos los que sufren y están solos, dales siempre una sonrisa feliz; no les des sólo tus cuidados sino también tu corazón. Es posible que no podamos dar mucho, pero siempre podemos dar la alegría que brota de un corazón pleno de amor.

Si tienes dificultades en tu trabajo y las aceptas con alegría, con una gran sonrisa, en esto, como en muchas otras cosas, verás tus buenas obras. Y la mejor manera de mostrar tu gratitud es aceptar todo con alegría.

~

Si estás alegre, la felicidad brillará en tus ojos y en tu mirada, en tu conversación y en tu contento. No podrás ocultarla, porque la alegría se desborda.

La alegría es muy contagiosa. Trata, entonces, de rebosar siempre de alegría a donde quiera que vayas.

La alegría, según San Buenaventura, ha sido dada al hombre para que pueda regocijarse en Dios por la esperanza del bien eterno y de todos los beneficios que recibe de Dios. Sabrá entonces cómo regocijarse por la prosperidad de su vecino, sentir descontento por las cosas vacías.

La alegría debe ser uno de los ejes de nuestra vida. Es la señal de una personalidad generosa. En ocasiones, es también el manto que cubre una vida de sacrificio y de ofrenda de sí. La persona que posee este don a menudo alcanza altas cimas; es como un sol en la comunidad.

Debiéramos preguntarnos a nosotros mismos: "¿He experimentado realmente la alegría de amar?" El verdadero amor es amor que nos causa dolor, que hiere y, no obstante, nos trae alegría. Por esta razón debemos orar y pedir el valor de amar.

~

Que Dios te recompense en amor todo el amor que hayas dado y toda la alegría y paz que hayas sembrado a tu alrededor, en todas partes del mundo.

Sobre la contemplación

❧

"Buscar el rostro de Dios en todo, en todos, en todas partes, todo el tiempo, y ver Su mano en todo acaecer — esto es la contemplación en el corazón del mundo".

~

A través de la contemplación, el alma toma directamente del corazón de Dios las gracias que la vida activa debe distribuir.

Nosotras [las Misioneras de la Caridad] estamos llamadas a la contemplación en el corazón del mundo, así:

Buscando el rostro de Dios en todo, en todos, en todas partes, todo el tiempo, y viendo Su mano en todo acaecer.

Viendo y adorando la presencia de Jesús, especialmente en la humilde apariencia del pan y en la angustiosa apariencia del pobre.

Nuestra vida de contemplación debe preservar las siguientes características:

Ser misioneras: para salir físicamente o en espíritu en busca de almas en todo el mundo.

Ser contemplativas: para reunir al mundo entero en el centro de nuestro corazón, donde mora el Señor, y permitir que el agua pura de la divina gracia se derrame en abundancia y sin cesar de la propia fuente, sobre la totalidad de Su creación.

Ser universales: para orar y contemplar con todos y por todos, especialmente con los más pobres de los pobres de espíritu y por ellos.

Otro aspecto de nuestra vida contemplativa es la sencillez, que nos hace ver el rostro de Dios en todo, en todos, en todas partes, todo el tiempo, y ver Su mano en todo acaecer; y que nos hace hacer todo lo que hacemos — pensar, estudiar, trabajar, hablar, comer, o descansar — bajo la mirada amorosa del Padre, estando completamente disponibles para Él en cualquier forma que venga a nosotras.

¿Qué es la contemplación? Vivir la vida de Jesús.

Esto es lo que yo comprendo — amar a Jesús, vivir Su vida en nosotros, vivir nuestra vida en Su vida. Esto es la contemplación. Debemos tener un corazón limpio para poder ver; sin envidia, sin ira, sin pretensión y, especialmente, sin falta de caridad.

~

Para mí, la contemplación no consiste en encerrarse en un lugar oscuro, sino en permitir que Jesús viva Su pasión, amor y humildad en nosotros, orando con nosotros, estando con nosotros, santificando a través de nosotros.

Sobre la generosidad

〜

*"Todo acto de amor es una obra de paz,
por pequeño que sea".*

Hay muchos remedios y curas para enfermos de toda índole, pero a menos que manos bondadosas se den en el servicio y corazones generosos en el amor, creo que nunca habrá una cura para la terrible enfermedad de no sentirse amado.

Puede suceder que una simple sonrisa, una corta visita, encender una lámpara, escribir una carta para un ciego, cargar un balde de carbón, regalar un par de sandalias, leer el diario a alguien — algo muy, muy pequeño — sea, en efecto, nuestro amor de Dios en acción. Escuchar, cuando nadie más se ofrece a hacerlo, es, sin duda, algo muy noble.

La santidad crece con rapidez si hay bondad. Nunca he escuchado hablar de almas bondadosas que se extravíen. El mundo está perdido por falta de dulzura y de bondad.

~

Necesitamos dinero, medicamentos, ropa y otras miles de cosas para los pobres a quienes servimos. Si mucha gente no fuese generosa, miles de personas permanecerían sin ayuda. Dado que aún tenemos muchos pobres, familias y niños necesitados que viven en las calles — no sólo en Calcuta, sino en Londres, Rotterdam, Madrid, Marsella, Roma — la necesidad es grande. En la última ciudad que mencioné, tenemos muchas personas necesitadas. Las hermanas salen por la noche a las calles, especialmente en los alrededores de la estación del tren, entre las diez de la noche y las dos de la mañana, para reunir a quienes no tienen un hogar y llevarlos a un albergue que tenemos en San Gregorio al Cielo.

La última vez que estuve en Roma, me era insoportable ver a tantas personas sin hogar que vivían de esta manera. Me dirigí entonces al alcalde de Roma y le dije: "Déme un lugar para estas personas, porque se niegan a venir con nosotras y prefieren permanecer donde están". Él y sus colaboradores respondieron de una manera maravillosa. A los pocos días, nos ofrecieron un lugar muy agradable cerca de la estación ferroviaria de Termini. Ahora, todas las personas que no tienen dónde pasar la noche se dirigen a este lugar y duermen en una cama. Parten en la mañana.

Ésta es la parte maravillosa de nuestra vocación; como Misioneras de la Caridad, hemos creado una consciencia de los pobres en el mundo entero. Hace veinte años, nadie habría creído que existían mujeres y hombres desnudos y hambrientos. Actualmente, el mundo entero conoce a nuestros pobres gracias a nuestro trabajo. Y quiere compartirlo.

¿Por qué es conocida nuestra congregación hoy en día en todas partes del mundo? Porque la gente ve lo que hacemos; damos de comer al hambriento, vestimos al desnudo, cuidamos a los enfermos y a los moribundos. Y porque ven, creen.

～

Estoy convencida de que la juventud de hoy es más generosa que la de otras épocas. Nuestros jóvenes están mejor preparados y más dispuestos a sacrificarse en servicio del hombre. Por esta razón, no nos sorprende que los jóvenes muestren una preferencia por nuestra congregación. En gran medida, se trata de jóvenes de clase media. Lo tienen todo; riqueza, comodidades, altas posiciones. No obstante, piden ingresar a una congregación que está al servicio de los pobres, para llevar una vida de verdadera pobreza y contemplación.

En ocasiones, los ricos parecen muy dispuestos a compartir a su manera la infelicidad de otros. Sin embargo, es una lástima que nunca den hasta el punto de sentir que ellos están necesitados.

Las generaciones actuales, en especial los niños, comprenden mejor. Hay niños ingleses que hacen sacrificios para poder ofrecer un pan a nuestros niños. Hay niños daneses que hacen sacrificios para poder ofrecer a otros un vaso de leche todos los días. Y los niños alemanes hacen lo mismo para poder ofrecer a los pobres alimentos vitaminizados.

Éstas son maneras concretas de enseñar a amar. Cuando estos niños crezcan, sabrán lo que significa dar.

～

Hay personas que pueden hacer grandes cosas, pero muy pocas que quieran hacer cosas insignificantes.

Sobre el sacrificio

~

"El amor, para ser real, debe costar —
debe doler — debe vaciarnos de nosotros mismos".

El sacrificio se encuentra en el corazón de la fe cristiana. El pueblo de Dios en la época del Antiguo Testamento ofrecía animales por sus pecados — corderos, cabras, toros y palomas. Jesús se ofrendó a sí mismo como sacrificio perfecto y último para que no tuviesen que repetirse los sacrificios animales.

El sacrificio, la entrega y el sufrimiento no son temas populares hoy en día. Nuestra cultura nos hace creer que podemos tenerlo todo, que debemos exigir nuestros derechos, que con la tecnología apropiada pueden superarse todo el dolor y todos los problemas. No es ésta mi actitud frente al sacrificio. Sé que es imposible aliviar el sufrimiento del mundo, a menos que el pueblo de Dios esté dispuesto a entregarse a Él, a hacer sacrificios, a sufrir al lado de los pobres.

Desde el comienzo de los tiempos, el corazón humano ha sentido la necesidad de ofrecer sacrificios a Dios. ¿Qué es un sacrificio aceptable? Un sacrificio que sea bueno para el pueblo de Dios. Un sacrificio que se hace en beneficio del mundo.

Existen muchas personas solitarias a tu alrededor, en hospitales y en clínicas psiquiátricas. Hay también muchas sin hogar. En Nueva York, nuestras hermanas trabajan con los indigentes moribundos. ¡Qué dolor causa ver a estas personas! Ahora sólo se las conoce por la dirección de la calle en que viven. Sin embargo, todos fueron hijos de alguien. Alguien los amó en algún momento. Amaron a otros durante su vida, pero ahora sólo se los conoce por la dirección de la calle.

Las palabras de Jesús, "Amaos los unos a los otros como yo os he amado", no sólo deben ser luz para nosotros, sino una llama que nos consuma. El amor, para sobrevivir, debe ser alimentado por sacrificios, especialmente por el sacrificio de la propia persona.

El sufrimiento no es nada por sí mismo. Pero el sufrimiento compartido con la pasión de Cristo es un don maravilloso, el don más bello, una muestra de amor.

Debo estar dispuesto a dar lo que sea preciso para hacer el bien a los demás. Esto implica estar dispuesto a dar hasta que duela. De lo contrario, no hay verdadero amor en mí y traigo la injusticia, no la paz, a quienes me rodean.

Anécdotas

Recordemos las cosas insignificantes

⁓

Algunas de mis hermanas trabajan en Australia. En un resguardo indígena, había un anciano. Puedo asegurarles que ustedes jamás han visto una situación tan difícil como la de aquel pobre anciano. Era ignorado por todos. Su hogar estaba sucio y desordenado.

Le dije, "Por favor, permítame asear su casa, lavar su ropa y tender su cama", y él respondió: "Estoy bien así. Deje las cosas como están".

Insistí, "Se sentirá aún mejor si me permite hacerlo".

Finalmente, aceptó. Entonces pude limpiar su casa y lavar su ropa. Descubrí una lámpara bellísima, cubierta de polvo. Sólo Dios sabe cuántos años habrían transcurrido desde la última vez que la encendió.

"¿No enciende su lámpara? ¿Nunca la usa?", le pregunté.

Respondió: "No. Nadie viene a visitarme. No necesito encenderla. ¿Para quién lo haría?"

"¿Encendería su lámpara todas las noches si vinieran las hermanas?", le dije.

"Desde luego", respondió.

Desde aquel día, las hermanas se comprometieron a visitarlo a diario. Limpiamos la lámpara, y las hermanas la encendían todas las noches.

Pasaron dos años. Me había olvidado por completo de aquel hombre, cuando recibí un mensaje suyo: "Dígale a mi amiga que la luz que encendió en mi vida continúa brillando todavía".

Pensé que era una cosa insignificante. A menudo descuidamos las cosas insignificantes.

La penosa apariencia del sufrimiento

~

Recuerdo a una de nuestras hermanas, recién graduada de la universidad. Venía de una familia acomodada que vivía fuera de la India.

De acuerdo con nuestra regla, al día siguiente de ingresar a la comunidad, las postulantes deben ir al hogar para indigentes moribundos en Calcuta. Antes de que la hermana partiera, le dije: "¿Viste al sacerdote durante la misa? Con qué amor, con qué delicadeza tocaba el cuerpo de Cristo. Asegúrate de hacer lo mismo cuando llegues al albergue, porque Jesús está allí bajo una apariencia penosa".

La hermana partió y, tres horas más tarde, regresó. Aquella joven universitaria, que había visto y comprendido tantas cosas, vino a mi habitación con la sonrisa más bella. "¡Durante tres horas, he estado tocando el cuerpo de Cristo!", dijo.

Le pregunté, "¿Qué hiciste? ¿Qué sucedió?"

"Trajeron a un hombre de la calle que se había caído en un desagüe y había permanecido allí durante algún tiempo. Estaba cubierto de barro, gusanos y heridas. Y, aun cuando me pareció muy difícil, lo limpié y supe que estaba tocando el cuerpo de Cristo", contestó.

¡Lo sabía!

~

Hambriento de amor, Él te mira. Sediento de bondad, Él te ruega. Desnudo de lealtad, Él confía en ti. Despojado de hogar, busca albergue en tu corazón. ¿Serás esa persona para Él?

Dar gratuitamente

En un seminario de Bangalore, una monja me dijo alguna vez: "Madre Teresa, está mimando excesivamente a los pobre al darles las cosas gratuitamente. Están perdiendo su dignidad humana".

Cuando todos callaron, dije con serenidad: "Nadie nos mima tanto como el propio Dios. Miren los dones maravillosos que nos ha dado gratuitamente. Ninguna de las que están aquí tienen lentes y, sin embargo, todas pueden ver. Si Dios les cobrara por su vista, ¿qué sucedería? Continuamente respiramos y vivimos de un oxígeno que no pagamos. ¿Qué sucedería si Dios dijera: 'Si trabajan cuatro horas, tendrán sol durante dos horas?' ¿Cuántos de nosotros sobreviviríamos entonces?"

Luego les dije también: "Hay muchas congregaciones que miman a los ricos; es bueno tener una congregación en nombre de los pobres, para mimar a los pobres".

Hubo un profundo silencio; nadie dijo nada después de esto.

~

Advertir la belleza en los demás

〜

Hace pocos años, deseaba hacer algo especial para nuestras hermanas. Envié un boletín a cada una de ellas, a cada comunidad, en el que sugería que cada una escribiera lo que consideraba bello en sus hermanas y en su comunidad. Les pedía que cada hermana me enviara su respuesta.

Llegaron mil cartas. ¡Imagínense! Tuve que leer cada una de ellas, hacer una lista de cada comunidad y de todas las hermanas. Luego envié de nuevo las cartas a las comunidades.

Las hermanas se sorprendieron de que alguien advirtiera tantas cosas maravillosas en ellas — que hubiera alguien capaz de verlas. Todo esto promovió un bello espíritu de amor, comprensión y participación.

Siento que con excesiva frecuencia nos centramos en los aspectos negativos de la vida, en lo malo. Si estuviésemos más dispuestos a ver lo bueno y las cosas bellas que nos rodean, podríamos transformar nuestras familias. A partir de allí, transformaríamos a nuestros vecinos y luego a quienes habitan en nuestro barrio o ciudad. Podríamos traer paz y amor a nuestro mundo, tan hambriento de ellos.

Abrir el corazón

~

Un día, recogimos a un hombre en la calle que parecía ser una persona relativamente adinerada. Estaba completamente ebrio. ¡No podía siquiera tenerse en pie!

Lo llevamos a nuestro albergue. Las hermanas lo trataron con amor, cuidado y ternura.

Dos semanas más tarde, dijo a las hermanas: "Hermanas, mi corazón está abierto. A través de ustedes, he llegado a persuadirme de que Dios me ama. He sentido Su tierno amor por mí. Deseo ir a casa". Y le ayudamos a prepararse para regresar a su hogar.

Un mes después, regresó al albergue y les entregó a las hermanas su primer salario. "Hagan con otros lo que han hecho conmigo", les dijo. Y se ale-jó, una persona diferente.

El amor lo había llevado de regreso a su fami-lia, a la ternura de sus hijos, al comprensivo amor de su esposa.

Pidamos a Nuestra Señora que nos enseñe a amar y a tener el valor de compartir.

Morir como un ángel

～

Una tarde salimos y rescatamos a cuatro personas de la calle. Una de ellas estaba en una condición desesperada. Dije a las hermanas: "Ustedes cuiden de las otras. Yo me encargaré de ésta, que se encuentra peor". Hice por ella todo lo que pudo hacer mi amor. La puse en la cama y vi que una bella sonrisa iluminaba su rostro. Me apretó la mano y sólo consiguió decir una palabra: "Gracias". Luego cerró los ojos.

No pude evitar preguntarme allí, al lado de su cuerpo, "¿Qué hubiera dicho yo si hubiera estado en su lugar?" Mi respuesta fue muy sencilla. Habría dicho que tenía hambre, que me estaba muriendo, que tenía frío. O hubiera dicho que tal o cual parte de mi cuerpo dolía o algo así. Pero ella me dio mucho más. Me dio su agradecido amor. Y murió con una sonrisa.

Así como el hombre que rescatamos de los escombros de la alcantarilla, aquél que estaba medio devorado por los gusanos, esta mujer respondió con amoroso agradecimiento. Aquel hombre nos dijo: "He vivido como un animal en la calle, pero moriré como un ángel, rodeado de amor y de cuidado". Fue maravilloso presenciar la grandeza de un hombre que podía hablar de esta manera, que podía morir sin maldecir a nadie, sin atacar a nadie, sin hacer comparaciones. Murió como un ángel.

～

El abandono es una pobreza terrible

~

En una ocasión visité un hogar en el que nuestras hermanas albergaban a los ancianos. Es una de las casas más bellas de Inglaterra, llena de objetos preciosos y, sin embargo, no había una sonrisa en los rostros de estas personas. Todos miraban hacia la puerta.

Pregunté a la hermana que estaba a cargo: "¿Por qué están así? ¿Por qué no sonríen?" (Estoy acostumbrada a ver a la gente sonreír. Creo que una sonrisa genera otra sonrisa, así como el amor genera amor.)

La hermana respondió: "Sucede lo mismo todos los días. Siempre esperan que alguien venga a visitarlos. La soledad los carcome y, día tras día, no dejan de mirar. Nadie viene a visitarlos".

El abandono es una pobreza terrible. Hay gente pobre en todas partes del mundo, pero la pobreza más profunda es no ser amado.

Los pobres que buscamos pueden vivir cerca de nosotros o lejos. Pueden ser pobres material o espiritualmente. Pueden tener hambre de pan o hambre de amistad. Pueden necesitar vestido, o la riqueza que representa el amor de Dios por ellos. Pueden necesitar el abrigo de una casa de ladrillos y cemento, o el de tener un lugar en nuestro corazón.

～

La calidez de una mano

Un día, caminaba por una calle de Londres y vi a un hombre alto y delgado sentado en la esquina, todo encorvado, que parecía muy triste.

Me acerqué, le estreché la mano y le pregunté cómo estaba. Me miró y dijo: "¡Oh, después de tanto, tanto tiempo, siento la calidez de una mano humana!" Y se enderezó.

Había una bella sonrisa en su rostro porque alguien había sido bondadoso con él. Sólo estrechar su mano lo había hecho sentir que era alguien.

Para mí, era Jesús bajo una apariencia penosa. Le di el sentimiento de ser amado por alguien, la alegría de ser amado.

Alguien también nos ama a nosotros — el propio Dios. Hemos sido creados para amar y para ser amados.

Dar de uno mismo

〜

En una ocasión, un australiano nos hizo una importante donación. Mientras lo hacía, dijo: "Esto es algo exterior. Ahora quiero dar algo de mí mismo". Viene con regularidad al albergue de los moribundos para afeitar a los enfermos y conversar con ellos. Este hombre no sólo da su dinero, sino también su tiempo. Podría gastarlo en sí mismo, pero lo que quiere es dar de sí.

A menudo pido donaciones que nada tienen que ver con el dinero. Hay tantas otras cosas que podemos dar. Lo que deseo es la presencia del donante, para que toque a aquellas personas a quienes ayuda, para que les sonría, les preste atención. Todo esto es muy significativo para ellas.

Le insisto a la gente en que se una a nuestro trabajo, para beneficio nuestro y el de todos. Nunca les pido dinero ni cosas materiales. Les pido que traigan su amor, que ofrezcan el sacrificio de sus manos. Cuando estas personas se encuentran con personas necesitadas, su primera reacción es hacer algo. Cuando vienen por segunda vez, ya se sienten comprometidas. Después de algún tiempo, sienten que pertenecen a los pobres y se llenan de la necesidad de amar. Descubren quiénes son y qué es lo que ellas mismas pueden dar.

Creo que una persona que se apega a la riqueza, que vive con la preocupación del dinero, es en realidad muy pobre. Si esta persona pone sus bienes al servicio de otros, entonces es rica, muy rica.

∼

Compartir el amor con los demás

〜

Hace pocos días, dos amigos vinieron a visitarme. Me trajeron una gran cantidad de dinero para usarla en alimentar a los pobres. Les pregunté: "¿Dónde consiguieron todo este dinero?"

Respondieron: "Nos casamos hace dos días, pero antes de hacerlo, decidimos que no haríamos un gran banquete de bodas. Como testimonio de nuestro mutuo amor, quisimos traer este dinero para la Madre Teresa".

¡Ésta es la grandeza de los jóvenes! ¡Son tan generosos! Les pregunté luego: "¿Por qué hicieron eso?"

"Nos amamos tanto, que deseamos compartir nuestro amor con otras personas, especialmente con aquéllas a quienes sirven ustedes", respondieron.

El gran don del amor

~

Desde hace algún tiempo, tenemos una pequeña comunidad de hermanas en Guatemala. Llegamos a este país durante el terremoto de 1972, que causó tanto daño.

Las hermanas viajaron a Guatemala a amar y servir, como lo hacen en todas partes del mundo. Me relataron algo bello acerca de un hombre muy pobre al que recogieron en la calle y llevaron a uno de nuestros albergues. Estaba muy enfermo, incapacitado, hambriento y desamparado. Pero de alguna manera, con la ayuda que recibió, se recuperó.

Dijo a las hermanas: "Quiero irme y dejar esta cama para otra persona que puede necesitarla tanto como la necesité yo cuando llegué aquí."

Ahora tiene un empleo. No creo que gane mucho, pero está trabajando. Cada vez que obtiene algún dinero, recuerda a las otras personas incapacitadas del albergue y va a visitarlas.

Siempre trae algo para ellas. A pesar de lo poco que gana, siempre trae algo.

Éste es el gran don de nuestros pobres: su amor.

La ternura de Dios

~

En Calcuta, cocinamos para nueve mil personas todos los días. Un día, llegó una de las hermanas y me dijo: "Madre, no hay nada de comer, nada para darle a la gente". Yo no tenía ninguna respuesta. Y luego, hacia las nueve de la mañana, un camión lleno de pan llegó a nuestra casa. El gobierno le da una rebanada de pan y leche todos los días a los niños pobres en las escuelas. Pero aquel día — nadie en la ciudad sabía por qué — todas las escuelas se habían cerrado súbitamente. Y todo el pan le llegó a la Madre Teresa.

Como ven, Dios cerró las escuelas. No podía permitir que la gente se quedara sin comer. Y fue por primera vez en su vida, creo, que estas personas tuvieron tan buen pan y en tanta abundancia. Así podemos apreciar la ternura de Dios.

Un hogar, un don

Algunos de los jóvenes que huyen de sus hogares se han contagiado de SIDA. Hemos abierto un albergue en Nueva York para los pacientes de SIDA, quienes se encuentran hoy en día entre la gente más rechazada.

Qué extraordinario cambio se ha operado en sus vidas, sólo porque hay unas pocas hermanas que los cuidan y han hecho un hogar para ellos.

¡Un hogar de amor!

¡Un don de amor!

Un lugar, quizás el único, donde se sienten amados, donde son alguien para alguien. Esto ha transformado su vida de tal manera que mueren de la forma más bella. Ninguno ha muerto angustiado hasta ahora.

Hace poco, una de las hermanas me llamó para decirme que uno de los jóvenes estaba muriendo. Pero, por extraño que parezca, no podía hacerlo. Luchaba contra la muerte.

Entonces le pregunté: "¿Qué sucede? ¿Qué te pasa?"

Y respondió: "Hermana, no puedo morir hasta que le pida perdón a mi padre".

La hermana averiguó dónde se encontraba su padre y lo llamó. Y algo extraordinario sucedió, como una página viva de los Evangelios: El padre acudió, abrazó a su hijo y musitó, "Mi hijo, mi amado hijo".

Y el hijo rogó a su padre: "¡Perdóname!"

Dos horas más tarde, el joven murió.

Un bello ejemplo de amor

~

Les daré otro bello ejemplo del amor de Dios. Un hombre acudió a nuestra casa y dijo: "¡Mi único hijo se está muriendo! El médico le prescribió un medicamento que sólo puede conseguirse en Inglaterra".

Tenemos autorización del gobierno para almacenar medicamentos que pueden salvar vidas y que recibimos de todo el país. Tenemos muchas personas que van de casa en casa, recolectan los medicamentos sobrantes y nos los traen para nuestros pobres. Miles de personas acuden a nuestros dispensarios.

Mientras hablábamos, entró un hombre con una canasta llena de medicamentos. Miré la canasta: justamente encima se encontraba el medicamento que el hombre necesitaba para su hijo enfermo. Si hubiese estado debajo, yo no lo habría visto.

Si hubiese llegado más temprano o más tarde, no lo habría recordado. Llegó justo a tiempo.

Mientras me encontraba delante de aquella canasta, pensé: "Hay millones de niños en el mundo, y Dios está preocupado por este niñito de Calcuta. ¡Enviar a este hombre en este preciso momento! ¡Colocar el medicamento encima, para que yo pudiera verlo!"

¡Vean la tierna preocupación de Dios por ustedes y por mí! Él haría lo mismo por cada uno de ustedes.

~

Personas extraordinarias y generosas

Les relataré otro buen ejemplo de cuán extraordinarias y generosas son las personas.

Habíamos recogido a un niño huérfano cuya madre había muerto en un albergue para indigentes moribundos. Ella provenía de una buena familia, pero circunstancias difíciles la llevaron a bajar de posición en la vida.

El niño creció y deseaba ser sacerdote. Cuando se le preguntó: "¿Por qué deseas ser sacerdote?", respondió con sencillez: "Quiero hacer por otros niños lo que la Madre Teresa ha hecho por mí. Quiero amar como ella me ha amado. Quiero servir como ella me ha servido".

Hoy en día, es un sacerdote, dedicado a amar a todos aquéllos que no tienen nada ni a nadie — a quienes han olvidado lo que es el amor humano, o la calidez del toque humano e incluso la bondad de una sonrisa.

Oraciones

*"Nuestras almas deben ser como un cristal transparente
a través del cual podemos ver a Dios.
El cristal se cubre a veces de impurezas y polvo.
Para quitar este polvo, debemos hacer un examen de
consciencia; así lavaremos nuestro corazón.*

❧

*Dios nos ayudará a limpiar este polvo
si se lo permitimos,
si nuestra voluntad es que se haga Su voluntad.
Nuestro examen de consciencia es el espejo
en el que se refleja la naturaleza:
una prueba humana, sin duda,
pero que necesita un espejo
para reflejar con fidelidad sus fallas.
Si emprendemos esta tarea con la mayor fe,
quizás veamos que lo que consideramos en ocasiones
como un obstáculo, es más bien una roca para
apoyarnos".*

Haz de mí un instrumento de Tu paz

Señor, haz de mí un instrumento de Tu paz.
Que donde haya odio, siembre amor;
   donde haya injuria, perdón;
   donde haya duda, fe;
   donde haya desesperación, esperanza;
   donde haya oscuridad, luz;
   donde haya tristeza, alegría.
Oh divino Maestro, concédeme que no busque ser
consolado, sino consolar;
   ser comprendido sino comprender;
   ser amado, sino amar.

Pues es dando como recibimos;

perdonando como somos perdonados;

y muriendo como nacemos a la vida eterna.

~

Nuestras obras de amor no son más que obras de paz. Realicémoslas con el mayor amor y eficiencia. Es siempre el propio Cristo quien dice:

Tuve hambre — no sólo de comida, sino de la paz que brota de un corazón puro.

Tuve sed — no sólo de agua, sino de la paz que sacia la sed apasionada de una pasión por la guerra.

Estuve desnudo — no sólo por falta de vestido, sino de la bella dignidad del hombre y de la mujer por sus cuerpos.

Estuve sin hogar — no sólo por falta de un albergue hecho de ladrillos, sino de un corazón que comprenda, se preocupe y ame.

Cada uno de nosotros no es más que un pequeño instrumento; todos nosotros, después de cumplir con nuestra misión, desapareceremos.

Brilla a través de mí

~

Amado Señor, ayúdame a esparcir tu fragancia donde quiera que vaya.

Anega mi alma con tu espíritu y vida.

Penetra y posee todo mi ser tan completamente que toda mi vida sea tan sólo una irradiación de la tuya.

Brilla a través de mí, y está en mí, para que todas las almas con las que entre en contacto puedan sentir tu presencia en mi alma. Permite que cuando me miren ya no me vean a mí, sino únicamente a ti, ¡Oh Señor!

Permanece conmigo, para que comience a brillar como tú; a brillar de manera que pueda ser luz para los demás. La luz, Oh Señor, vendrá toda de ti; nada será parte de mí; brillarás para los otros a través de mí.

Permite que te alabe de la manera que más te agra-
da, brillando sobre quienes me rodean.

Permite que predique tu nombre sin predicar, no
con mis palabras sino con mi ejemplo, atrapando la
fuerza, la empática influencia de lo que hago, la evi-
dente plenitud del amor que siente mi corazón por ti.

Amén.

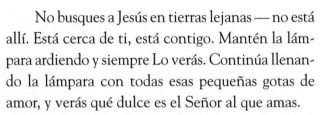

No busques a Jesús en tierras lejanas — no está
allí. Está cerca de ti, está contigo. Mantén la lámpara ardiendo y siempre Lo verás. Continúa llenan-
do la lámpara con todas esas pequeñas gotas de
amor, y verás qué dulce es el Señor al que amas.

La plenitud de nuestro corazón se expresa en
nuestros ojos, en nuestro tacto, en lo que escribi-
mos, en lo que decimos, en nuestra forma de cami-
nar, en nuestra forma de recibir, en nuestra forma
de servir. Es la plenitud de nuestro corazón que se
expresa de muchas maneras diferentes.

Deseo vivir en este mundo, tan alejado de Dios,
en este mundo que se ha apartado tanto de la luz de
Jesús, para ayudar — para ayudar a nuestros pobres,
para asumir algo de sus sufrimientos. Pues sólo al
ser uno de ellos podemos redimirlos, traer a Dios a

sus vidas y llevarlos a Dios. Ni Dios mismo puede imponerse a alguien que no Lo quiera. La fe es un don.

~

Bendita eres entre las mujeres

Dios te salve María, ¡llena eres de gracia!
El Señor es contigo;
bendita eres entre todas las mujeres
y bendito es el fruto de tu vientre, Jesús.
Santa María, madre de Dios,
ruega por nosotros pecadores,
ahora y en la hora de nuestra muerte.

Cuando miramos el funcionamiento interno de los aparatos eléctricos, vemos a menudo cables grandes y pequeños, viejos y nuevos, baratos y costosos, todos alineados. Si la corriente no pasa a través de ellos, no habrá luz.

Estos cables somos tú y yo. La corriente es Dios. Tenemos la facultad de dejar que la corriente pase a través de nosotros, nos use, genere la luz del mundo. O podemos rehusar ser usados y permitir que se extienda la oscuridad.

Nuestra Señora es el cable más maravilloso. Permitió que Dios la llenara. A través de su entrega — "Hágase en mí según tu palabra" — se hizo "llena de gracia". Llena de gracia significa llena de Dios. En el momento en que esta corriente la llenó, por la gracia de Dios, se apresuró a ir a casa de Isabel para conectar el cable, Juan, a la corriente, Jesús. Como lo dijo su madre: "Este niño, Juan, saltó de gozo al escuchar tu voz".

Pidamos a Nuestra Señora que entre también en nuestra vida y haga que la corriente nos use para dar la vuelta al mundo — especialmente en nuestras comunidades — para que podamos continuar conectando los cables de los corazones de los hombres y las mujeres con la corriente del amor.

Con profunda gratitud

Ayúdame a esparcir tu fragancia
  donde quiera que vaya.
Anega mi alma con tu Espíritu y tu vida.
Penetra y posee todo mi ser tan completamente
  que toda mi vida sea tan sólo
  una irradiación de la tuya.
Brilla a través de mí, y está en mí
  de tal modo que todas las almas
  con las que entre en contacto sientan
  tu presencia en mi alma.
Permite que cuando me miren
  ya no me vean a mí, sino únicamente a Jesús.
Permanece conmigo, y comenzaré a brillar

como tú; a brillar de manera que pueda ser luz
para los demás.
La luz, Oh Jesús, vendrá toda de ti;
nada será parte de mí; brillarás
para los otros a través de mí.
Permite que te alabe de la manera
que más te agrada, brillando
sobre quienes me rodean.
Permite que predique tu nombre
sin predicar, no con las palabras
sino con el ejemplo, atrapando la fuerza,
la empática influencia de lo que hago,
la evidente plenitud del amor
que siente mi corazón por ti.
Amén.

~

Cada día, después de la sagrada comunión, mis hermanas y yo rezamos esta oración, que fue compuesta por el Cardenal Newman.

Una cosa les pido: nunca teman dar. Hay una profunda alegría en dar, pues lo que recibimos es mucho más de lo que damos.

Santo, Santo, Santo

Santo, Santo, Santo
Eres Señor, Dios de fuerza y poder
Llenos están el cielo y la tierra de tu gloria
Hosana en las alturas
Bendito el que viene en nombre del Señor
Hosana en las alturas.

Para llegar a ser santos necesitamos de la humildad y la oración. Jesús nos enseñó a orar, y nos enseñó también a aprender de Él a ser mansos y humildes de corazón. La humildad y la oración crecen en los oídos, la mente y la lengua que han vivido en silencio con Dios, pues Dios nos habla en el silencio del corazón.

Seamos leales en las cosas insignificantes, pues en ellas reside nuestra fortaleza. Para el buen Dios, nada es insignificante, pues Él es tan grande y nosotros tan pequeños. Por ello Él condesciende y se toma el trabajo de hacer estas pequeñas cosas por nosotros — para darnos la oportunidad de demostrar nuestro amor por Él. Porque Él las hace, son muy grandes. Él no puede hacer nada insignificante; son infinitas.

~

Padre Nuestro

Padre Nuestro, que estás en los cielos,
  santificado sea tu nombre;
  venga a nosotros tu reino;
  hágase tu voluntad, así en la tierra como en el
  cielo.
Danos hoy nuestro pan de cada día;
  perdona nuestras ofensas
  como también nosotros perdonamos
  a quienes nos ofenden;
  no nos dejes caer en tentación,
  y líbranos del mal
Pues tuyo es el reino, el poder y la gloria,
  ahora y siempre.
Amén.

Los apóstoles pidieron a Jesús que les enseñara a rezar, y Él les enseñó la bella oración, "Padre nuestro". Creo que cada vez que rezamos el "Padre nuestro", Dios mira Sus manos, donde nos ha modelado — "Los he modelado en la palma de mi mano" — mira Sus manos y nos ve allí. ¡Cuán maravillosos son la ternura y el amor de Dios!

¿Dónde puedo aprender a orar? Jesús nos enseñó: "Oren así: Padre nuestro... hágase tu voluntad... perdónanos como nosotros perdonamos". Es tan sencillo y, a la vez, tan bello. Si rezamos el "Padre nuestro" y lo vivimos, seremos santos. Todo está allí: Dios, yo, mi prójimo. Todo esto brota de un corazón humilde, y si lo tenemos, sabremos cómo amar a Dios, a nosotros mismos y al prójimo.

Esto no es complicado y, sin embargo, complicamos nuestra vida con tantas cosas superfluas. Sólo cuenta una cosa: ser humilde, rezar.

~

Las hermanas hacen pequeñas cosas — ayudan a los niños, visitan a las personas solitarias, a los enfermos, a quienes carecen de todo.

En uno de los hogares que visitan, las hermanas encontraron a una mujer que había muerto sola algunos días antes. Su cuerpo había comenzado a descomponerse. Los vecinos no conocían siquiera su nombre.

Cuando alguien me dice que lo que hacen las hermanas no es importante, que se limitan a cosas que son poco menos que lo ordinario, respondo que incluso si sólo ayudaran a una persona, ésta sería una razón suficiente para su labor.

Venid, postrémonos

～

Venid, postrémonos e inclinémonos,
    doblemos la rodilla ante el Señor
    que nos ha hecho.
Porque Él es nuestro Dios
    y nosotros el pueblo que apacienta,
    rebaño de su mano.

—SALMOS 95:6-7

Cuando las hermanas terminan su día — llevando a cabo su servicio de amor en la compañía de Jesús y a través de Jesús — tenemos una hora de oración y de adoración eucarística. Durante el día, hemos estado en contacto con Jesús a través de Su imagen de dolor en los pobres y en los leprosos. Al finalizar el día, nos ponemos de nuevo en contacto con Él en el tabernáculo mediante la oración. El tabernáculo es la garantía de que Jesús ha instalado su tienda entre nosotros.

Cada momento de oración, especialmente ante nuestro Señor en el tabernáculo, es una ganancia segura y positiva. El tiempo que empleamos en nuestra audiencia cotidiana con Dios es la parte más preciosa de todo el día.

Oh Jesús, Tú que sufres

Oh Jesús, tú que sufres,
    concédeme que el día de hoy y todos los días
    pueda verte en la persona de tus enfermos y
    que, al ofrecerles mis cuidados, pueda servirte.
Concédeme que, aun cuando estés oculto
    bajo la ingrata apariencia de la ira,
    del crimen o de la locura,
    pueda reconocerte y decir: "Jesús,
    tú que sufres, qué dulce es servirte".
Concédeme, Señor, esta visión de fe
    y mi labor nunca será monótona.
    Hallaré alegría acogiendo los pequeños
    caprichos y deseos de todos
    los pobres que sufren.

Amado enfermo, eres aún más amado para mí
    porque representas a Cristo.
¡Qué privilegio se me ha concedido
    al poderte cuidar!
Oh Dios, puesto que eres Jesús que sufre,
    haz que seas para mí también un Jesús
    que es paciente, indulgente
    con mis faltas, que sólo mira mis intenciones,
    que son amarte y servirte en cada uno
    de estos hijos tuyos que sufren.
Señor, aumenta mi fe.
Bendice mis esfuerzos y mi labor,
    ahora y siempre.

~

Miles de personas mueren por un trozo de pan.
Miles de miles mueren por un poco de amor.

Mis pensamientos van a menudo hacia ustedes, los que sufren, y yo ofrezco sus sufrimientos, que son tan grandes, mientras que los míos son tan pequeños.

Aquéllos de ustedes que están enfermos, cuando pasen por momentos difíciles, busquen refugio en el corazón de Cristo. Allí, mi propio corazón encontrará, con el suyo, fuerza y amor.

Si, como a nosotros, le gustaría a Ud. apoyar de alguna forma la obra de Madre Teresa, diríjase al centro de las Misioneras de la Caridad más cercano, o bien comuníquese por carta con:

The Missionaries of Charity
1596 Fulton Street
San Francisco, California 94117

Si le ha gustado *Desde el corazón del mundo*, permítanos recomendarle los siguientes libros en versión española publicados por New World Library:

El camino de la abundancia: La riqueza en todos los campos de la conciencia y de la vida. En este libro formidable Deepak Chopra explora el significado más amplio de la riqueza en todos los campos de la conciencia, y ofrece un abecedario de pasos diarios y acciones cotidianas que engendran espontáneamente la riqueza en todas sus formas.

Las siete leyes espirituales del éxito: una guía práctica para la realización de tus sueños. En este libro de éxito internacional, Deepak Chopra destila y afina la esencia de su doctrina, reduciéndola a siete principios sencillos pero poderosos, los cuales se pueden emplear para engendrar el éxito en todos los campos de la vida.

Visualización creativa. Esta obra, que se publicó primero en inglés desde hace 20 años y que goza de una popularidad ininterrumpida, abrió nuevos caminos en el campo de la mejora personal. Su mensaje sigue siendo hoy tan acertado y poderoso como siempre.

New World Library se dedica a la publicación de libros y cintas que nos inspiran y nos animan a mejorar la calidad de nuestra vida y de nuestro mundo.

Nuestros libros y cintas en cassettes están disponibles en librerías en todas partes. Para obtener un catálogo de nuestra colección de libros y cintas, diríjase a:

New World Library
14 Pamaron Way
Novato, CA 94949

Teléfono: (415) 884-2100
Fax: (415) 884-2199
Gratis: (800) 972-6657
Para pedir el catálogo: extensión 50
Para hacer un pedido del catálogo: extensión 52

E-mail: escort@nwlib.com
Visítenos por medio de su computadora:
http://www.newworldlibrary.com